Inhalt

Ansparabschreibung

Kernthesen

Beitrag

Fallbeispiele

Weiterführende Literatur

Impressum

Ansparabschreibung

I. Zeilhofer-Ficker

Kernthesen

- Die Nutzung der steuerstundenden Ansparabschreibung kann für kleine und mittlere Unternehmen sowie für Existenzgründer eine erhebliche Senkung der Einkommenssteuerlast bedeuten.
- Offen steht die Ansparabschreibung allen Unternehmen, deren Betriebsvermögen Ende 2001 nicht mehr als 204 517 Euro betragen hat.
- Sie kann für die geplante Anschaffung von neuen, beweglichen Wirtschaftsgütern in den nächsten 2 Jahren angesetzt werden, die mindestens ein Jahr im Betrieb verbleiben.
- In dem Jahr, in dem die Investition getätigt wird, kann die Ansparabschreibung unter

Inanspruchnahme einer 20 prozentigen Sonder-AfA und in Verbindung mit der normalen AfA steuerneutral aufgelöst werden.
- Wird die Investition nicht wie beabsichtigt getätigt, muss die Ansparabschreibung gewinnerhöhend aufgelöst und ein Strafzins von 6 % angesetzt werden.
- Existenzgründern steht die Ansparabschreibung sogar für Anschaffungen in den nächsten 5 Jahren offen, ein Strafzins fällt für sie nicht an.

Beitrag

Der Mittelstand trägt die deutsche Wirtschaft. Zählt man, wie das Institut für Mittelstandsforschung, alle Unternehmen zum Mittelstand, die nicht mehr als 500 Mitarbeiter beschäftigen und einen Umsatz von bis zu 50 Millionen Euro erwirtschaften, sind 99 % der deutschen Unternehmen den KMUs zuzurechnen. Diese mittelständischen Unternehmen tätigen 46 % aller gesamtwirtschaftlichen Investitionen. (1)

Auch die Politiker haben erkannt, dass ein starker und investitionsfähiger Mittelstand der Motor für Wachstum und Beschäftigung ist. Um diese Investitionsfähigkeit zu unterstützen, wurde die

Möglichkeit der Ansparabschreibung geschaffen.

Was ist die Ansparabschreibung

Berechtigte

Nach § 7 g EStG steht die Möglichkeit der Ansparabschreibung allen Unternehmen offen, deren Betriebsvermögen zum Ende 2001 nicht mehr als 204 517 Euro bzw. 400 000 DM betragen hat. Firmen und freiberuflich Tätige, die nicht bilanzieren, sondern mit der Einnahme-Überschuss-Rechnung arbeiten, sind ebenfalls berechtigt, die Ansparabschreibung einzusetzen.

Für Existenzgründer gibt es einige Sonderregelungen, die noch vorteilhafter sind. Als Existenzgründer gelten Personen, die in den letzten 5 Jahren vor der Betriebseröffnung nicht an einer Kapitalgesellschaft mit mehr als 10 Prozent beteiligt waren und auch keine Einkünfte aus einem Gewerbebetrieb, selbständiger Arbeit oder Land- und Forstwirtschaft erzielt haben. Bei neu gegründeten Personengesellschaften müssen alle Mitunternehmer die oben genannten Bedingungen erfüllen, ebenso die

Teilhaber von GmbHs oder kleinen AGs. Die Übernahme eines Unternehmens durch vorweggenommene Erbfolge gilt nicht als Existenzgründung.

Definition

Berechtigte Unternehmen können nach § 7 g Abs. 3 bis 6 EStG von der Ansparabschreibung für neue, bewegliche Wirtschaftsgüter des betrieblichen Anlagevermögens Gebrauch machen. Das Wirtschaftsgut muss für mindestens ein Jahr im Unternehmen verbleiben und zu mindestens 90 Prozent betrieblich genutzt werden. Eine Ansparrücklage kann für höchstens 40 Prozent der voraussichtlichen Anschaffungskosten geplanter Investitionen in den nächsten zwei Jahren gebildet werden. Die Summe aller Ansparrücklagen darf zum Bilanzstichtag nicht höher als 154 000 Euro sein, für Existenzgründer gilt ein höheres Maximum von 307 000 Euro für Anschaffungen in den nächsten 5 Jahren.

Wird die geplante Investition in den zwei folgenden Jahren nicht getätigt, muss die Rücklage gewinnerhöhend aufgelöst und der Gewinn um einen Strafzins von 6 Prozent des aufgelösten Rücklagenbetrages pro Jahr erhöht werden. Für Existenzgründer wird von dem Strafzins abgesehen.

Wollen Existenzgründer die Ansparabschreibung bereits im Jahr vor der Betriebseröffnung in Anspruch nehmen, so muss für die Anschaffung von wesentlichen Betriebsgrundlagen eine verbindliche Bestellung vorliegen (BFH, Urteil vom 25.4.2002).

Auflösung mit Sonderabschreibung

Die Ansparrücklage muss im Jahr der tatsächlichen Investition aufgelöst werden. Nutzt man für die Investition die mögliche 20prozentige Sonderabschreibung sowie den Höchstsatz für die degressive Abschreibung von 20 % bleibt diese Rücklagenauflösung steuerneutral.

Bei Wirtschaftsgütern, die laut Abschreibungstabelle nur eine kurze Nutzungsdauer haben, kann bei Nutzung der linearen Abschreibung der Abschreibungssatz im Jahr der Anschaffung sogar auf über 50 % steigen. Ein Beispiel hierfür ist die Anschaffung eines neuen Computers, der linear auf 3 Jahre abgeschrieben werden kann. Dies bedeutet bei Kauf im ersten Halbjahr eine normale, lineare Abschreibung von 33 1/3 Prozent des Kaufpreises plus die Sonderabschreibung von 20 %.

Aktuelle Abschreibungstabellen findet man im Internet unter www.urbs.de oder www.steuern-online.de. (4)

Die Anwendung eines hohen Abschreibungssatzes ist natürlich nur sinnvoll, wenn durch eine ansonsten gute Gewinnsituation eine hohe Einkommensteuerschuld zu erwarten ist, die durch die Abschreibung verringert werden kann. Ist die Steuerlast ohnehin gering, kann die Sonderabschreibung auch noch bis zu 4 Jahre nach dem Anschaffungsjahr eingesetzt werden, oder man teils sie auf mehrere Jahre auf.

Zu beachten ist, dass die Sonderabschreibung nur dann getätigt werden darf, wenn für die Investition eine Ansparrücklage gebildet wurde. Eine minimale Ansparrücklage sollte deshalb für geplante Investitionen auf jeden Fall eingestellt werden, selbst wenn das Vorhaben noch nicht konkretisiert ist. Eine Mini-Ansparabschreibung von einem Euro pro Wirtschaftsgut kann die Sonderabschreibung für spätere Jahre sichern. (2)

Auch für geringwertige Wirtschaftsgüter, d. h. Anlagegüter deren Netto-Anschaffungskosten 410,— Euro nicht überschreiten, kann die Ansparabschreibung genutzt werden. (3)

Anforderungen sind minimal

Generell wird Unternehmern sehr viel Flexibilität bei der Nutzung der Ansparabschreibung eingeräumt. So muss laut Entscheidung des Bundesfinanzhofes (AZ XR 13/00) keine Liste mit Investitionsvorhaben beim Finanzamt vorgelegt werden. Auch der Investitionszeitpunkt muss noch nicht feststehen. Ein Kaufvertrag muss nur vorliegen, wenn die Ansparabschreibung bei Existenzgründungen im Jahr vor der eigentlichen Betriebseröffnung in Anspruch genommen wird. Auch die Mini-Ansparabschreibung reicht laut Schreiben des BMF vom 10.7.2001 für die Sicherung der Sonderabschreibung aus. (2)

Warum sollte die Ansparabschreibung genutzt werden

Die Ansparabschreibung ist für alle Unternehmen, die Investitionen in der Zukunft planen, eine gute Möglichkeit, die Steuerlast zu senken. Vor allem, wenn für das laufende Jahr hohe Gewinne und damit eine hohe Einkommensteuer zu erwarten ist, kann mit der Bildung von Ansparrücklagen ein signifikanter Steuerstundungseffekt und damit Liquiditätsgewinn erreicht werden. (3)

Da durch die Ansparabschreibung die Versteuerung von Gewinnen in die Zukunft verlagert wird und die geplante Steuerreform für die Jahre ab 2004 niedrigere Steuersätze erwarten lässt, ist die Ansparabschreibung selbst dann von Vorteil, wenn die Investition nicht wie geplant durchgeführt werden kann. Der dadurch anfallende Strafzins von 6 % ist im Vergleich zu den normalen Kreditzinsen relativ niedrig. (3)

Fallbeispiele

Beispielrechnung

Die folgende Beispielsrechnung soll die doch erheblichen Steuervorteile der Ansparabschreibung verdeutlichen. Nehmen wir an, Sie wollen in den nächsten zwei Jahren drei neue PKW für je 30 000 Euro anschaffen, eine Maschine für 10 000 Euro, eine weitere für 5 000 Euro, ein Räumgerät für 1 500 Euro und eine Registrierkasse für 500 Euro.

Ihr gesamtes Investitionsvolumen macht also 107 000 Euro wofür Sie 40 Prozent Ansparabschreibung, also 42 800 Euro, bilden können. Abhängig von der Gewinnsituation Ihres Betriebes kann sich dadurch eine Steuerersparnis von über 20 000 Euro ergeben, wenn bei Anschaffung der Wirtschaftsgüter die Sonderabschreibung und der Höchstsatz der degressiven, normalen AfA genutzt werden.

Vergleich: Österreich

Auch in anderen Ländern werden Investitionsanreize geschaffen, um die Wirtschaft anzukurbeln. Österreich geht dabei einen anderen Weg als Deutschland. Hier wird statt mit Steuervorteilen mit einer sogenannten "Investitionszuwachsprämie" gearbeitet. Österreichische Unternehmen können eine 10prozentige Prämie auf den Investitionsbetrag erwarten, der höher ist als der Investitionsdurchschnitt der letzten drei Wirtschaftsjahre. Hat ein Betrieb also in den letzten drei Jahren durchschnittlich 10 000 Euro investiert und leistet sich nun Anschaffungen im Wert von 30 000 Euro, so erhält er vom Statt eine Investitionszuwachsprämie von 2 000 Euro (30 000 Euro minus 10 000 Euro = Investitionszuwachs, davon 10 %). (5)

Besonders profitieren davon Neugründungen, da hier der Investitionsdurchschnitt der letzten drei Jahre zwangsläufig bei Null liegt, also alle Anschaffungen prämienbegünstigt sind. (5)

Weiterführende Literatur

(1) Wird der Mittelstand gegenüber den Großunternehmen steuerlich benachteiligt und sind Personenunternehmen schlechter gestellt als Kapitalgesellschaften?
aus Betrieb und Wirtschaft, Heft 19/2002, S. 810-814

(2) Steuer-Meldungen, Arzt & Wirtschaft, Heft 10/2002, S. 70
aus Betrieb und Wirtschaft, Heft 19/2002, S. 810-814

(3) Steuer-Meldungen
aus Arzt & Wirtschaft, Heft 10/2002, S. 70

(4) Ausgewählte Steuerstrategien zum Jahresende 2002
aus Versicherungswirtschaft, 1.12.2002, 57.Jg., Nr. 23, S. 1874

(5) Homan, Daniela, Investitionen: Der Staat zahlt mit - Neuester Newsletter des WirtschaftsBlatts mit aktuellen Tipps für Familienunternehmer, WirtschaftsBlatt, 07.12.2002, Nr. 1765, S. A23

aus Versicherungswirtschaft, 1.12.2002, 57.Jg., Nr. 23, S. 1874

Impressum

Ansparabschreibung

Bibliografische Information der deutschen Nationalbibliothek

Die Deutsche Nationalbibliothek verzeichnet diese Publikation in der deutschen Nationalbibliografie; detaillierte bibliografische Daten sind im Internet über http://dnb.d-nb.de abrufbar.

ISBN: 978-3-7379-1166-5

© 2015 GBI-Genios Deutsche Wirtschaftsdatenbank GmbH, Freischützstraße 96, 81927 München, www.genios.de

Alle Rechte vorbehalten. Dieses Werk ist einschließlich aller seiner Teile – z.B. Texte, Tabellen und Grafiken - urheberrechtlich geschützt. Jede Verwertung außerhalb der Grenzen des Urheberrechtsgesetzes bedarf der vorherigen Zustimmung des Verlags. Dies gilt insbesondere auch für auszugsweise Nachdrucke, fotomechanische Vervielfältigungen (Fotokopie/Mikroskopie), Übersetzungen, Auswertungen durch Datenbanken oder ähnliche Einrichtungen und die Einspeicherung und Verarbeitung in elektronischen Systemen.